CCSS | Género | Texto expositivo

Y0-BGW-872

Pregunta esencial
¿Cómo podemos volar?

Los vuelos del futuro

Anna Harris

Capítulo 1
¿Hacia dónde vamos? 2

Capítulo 2
Alrededor del mundo 6

Capítulo 3
Viajes al espacio 10

Respuesta a la lectura.............................15

LECTURA COMPLEMENTARIA La capa de plumas..................16

Glosario/Índice...................................19

STEM Enfoque: Ciencias 20

DISTRICT 21
BILINGUAL / ESL
PROGRAM

Capítulo 1
¿Hacia dónde vamos?

Todo tipo de naves espaciales extrañas han sido imaginadas.

    Probablemente hayas visto películas de Hollywood en las que hay personas que viajan en carros voladores o usan naves espaciales para explorar otros planetas. ¿Muestran realmente cómo serán los viajes aéreos y al espacio en el futuro? ¿Estará algún día disponible esa tecnología para todos?

Esta mochila cohete funciona con dos ventiladores grandes y un motor de motocicleta.

Imagina que han pasado 30 años. Si necesitaras ir a una tienda, ¿cómo llegarías allí? Una mochila cohete es un aparato que te colocas como una mochila. Un motor consume aire y combustible. Luego, aire caliente sale con fuerza por el tubo de escape, e **impulsa** a la persona hacia arriba. ¡Una mochila cohete permite volar a quien la usa!

Ya pueden verse algunas mochilas cohetes hoy en día. Un tipo de mochila funciona con dos ventiladores grandes y un motor de motocicleta. El piloto controla el vuelo con dos palancas de mando. La mochila cohete puede permanecer en el aire durante 30 minutos, y tiene un **alcance** de vuelo de 30 millas. Pero no es barato. Se venderá a $100,000 aproximadamente.

La mayoría de los expertos opina que las mochilas cohetes serán juguetes divertidos que solo comprarán algunas personas adineradas. Entonces, ¿qué otros aparatos voladores pequeños se usarán?

Un grupo de científicos de Europa comenzó con un proyecto llamado myCopter. Están estudiando aviones muy pequeños que podrían parecerse a carros voladores. Es probable que se usen para realizar viajes cortos, como cuando vamos al trabajo. Despegarán y aterrizarán como los helicópteros, quizá incluso desde estacionamientos. Los científicos quieren saber si será posible el uso generalizado de este tipo de aviones en el futuro.

Esta ilustración muestra cómo luciría un avión del proyecto myCopter.

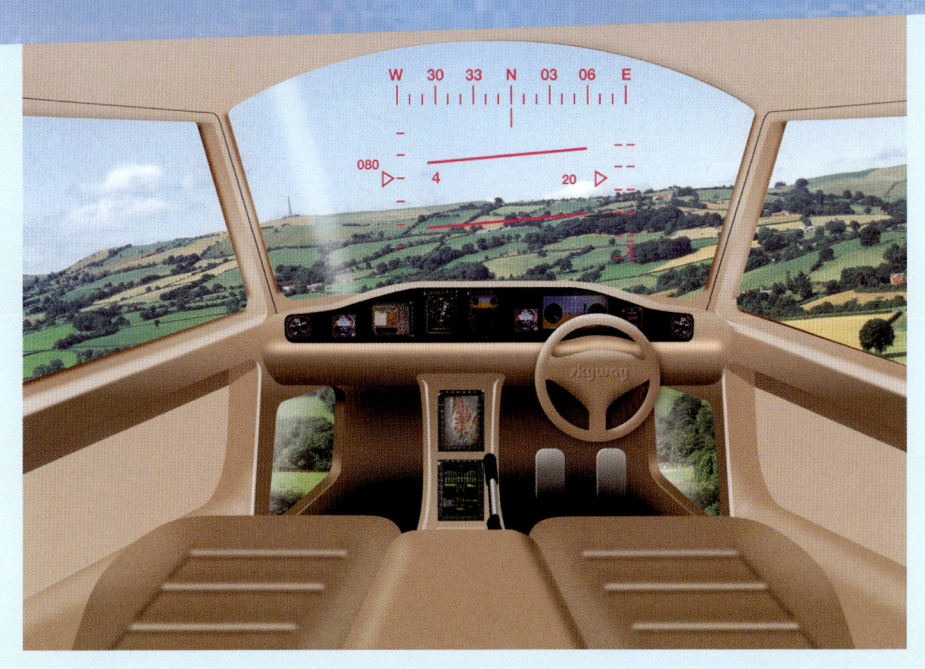

El interior de este avión futurista se parece mucho al de un carro normal.

El grupo de científicos aún no está construyendo la aeronave, pero está pensando en cómo podría funcionar. Los dueños no serán pilotos entrenados. Entonces, ¿cómo podrán evitar los choques si hay muchas aeronaves en el aire?

Los expertos quieren desarrollar una aeronave que vuele en grupos organizados y separados uniformemente. Cada aeronave podría enviar señales que "detecten" a los vehículos que las rodean. Esto permitiría que se mantengan a distancias seguras unas de otras. Los dueños de estas pequeñas aeronaves elegirán la dirección principal o el destino, pero las "conducirán" computadoras a bordo, no personas.

Capítulo 2

Alrededor del mundo

La NASA construyó esta aeronave superrápida para un proyecto especial llamado Hyper-X.

¿Cómo serán los aviones de pasajeros en el futuro? Hoy, la mayoría de estos aviones viajan a 500 o 600 millas por hora, pero los científicos están trabajando en una aeronave que pueda viajar mucho más rápido.

En 2001, la NASA construyó una aeronave muy rápida. Tenía un nuevo tipo de motor llamado **estatorreactor de combustión supersónica.** Todos los motores consumen combustible y oxígeno, pero un **motor cohete** normal debe usar el oxígeno que se lleva a bordo. Un estatorreactor absorbe oxígeno del exterior.

Era muy peligroso que a la aeronave de la NASA la controlara un piloto. La trayectoria de vuelo se programó antes del despegue. Solo voló durante 10 segundos, ¡pero su máxima velocidad llegó a casi 7,000 millas por hora!

Se construyeron algunas otras aeronaves con estatorreactores de combustión supersónica. La mayoría se probó solo por períodos cortos. Un par se estrellaron, y los expertos no supieron por qué. En ninguna había pilotos ni pasajeros. Pero algunas personas creen que los aviones de pasajeros del futuro tendrán estatorreactores.

En 2011, una compañía de aeronaves anunció planes de construir un nuevo avión de pasajeros. La compañía aseguró que el avión viajaría a 3,000 millas por hora, o mach 4 (cuatro veces la velocidad del sonido). Hoy, un vuelo de Londres a Tokio dura unas 12 horas. ¡El nuevo avión haría el mismo viaje en solo dos horas!

¿Hasta qué altura vuelan?

Futuro avión de pasajeros
20 millas de altura, 3,000 mph

Boeing 747
6 millas de altura, 500-600 mph

El nuevo avión de pasajeros tendrá tres tipos de motores. Dos motores de reacción normales lo ayudarán a despegar y tomar velocidad. Consumirán un **biocombustible** que proviene de las algas. El segundo grupo de motores se parecerá a los motores cohetes actuales. Se encenderán cuando el avión esté viajando lo suficientemente alto y rápido. Más tarde, los estatorreactores de combustión supersónica le permitirán viajar a velocidades supersónicas. Es probable que los motores cohetes y estatorreactores consuman hidrógeno y oxígeno. Este avión no contaminará tanto como las aeronaves actuales. Pero falta mucho para que la idea se haga realidad. El avión no estará listo hasta 2050.

El nuevo avión de pasajeros

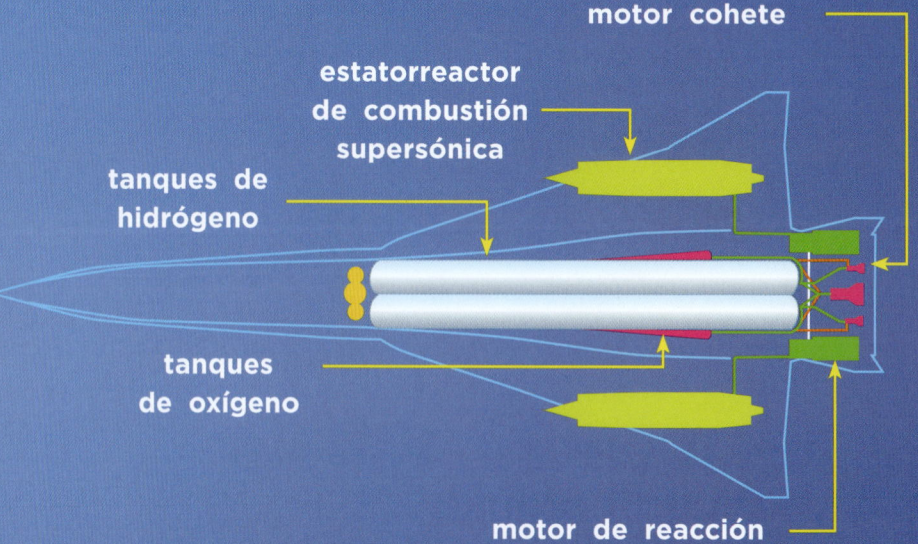

- motor cohete
- estatorreactor de combustión supersónica
- tanques de hidrógeno
- tanques de oxígeno
- motor de reacción

Viajes por el mundo

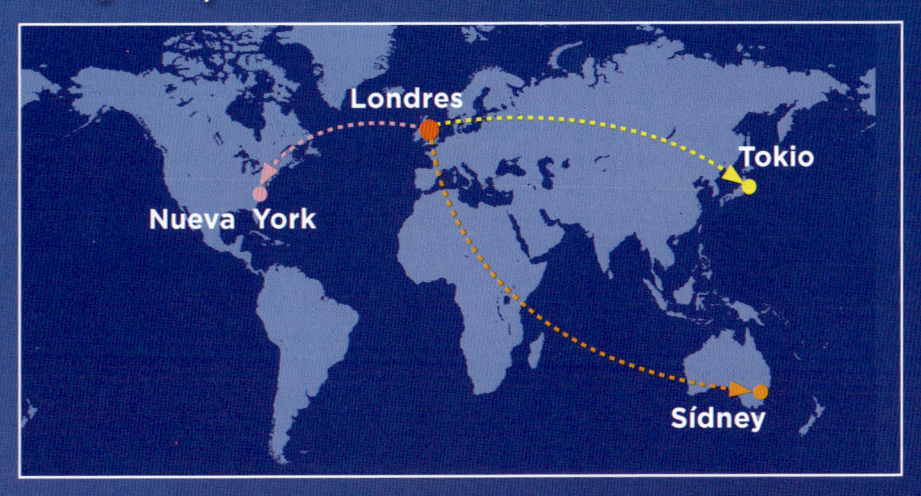

Londres — **Nueva York** — **Tokio** — **Sídney**

DURACIÓN ACTUAL DE LOS VUELOS

De Londres a Nueva York .... 7 horas

De Londres a Tokio, Japón .... 12 horas

De Londres a Sídney, Australia .... 23 horas

DURACIÓN DE LOS VUELOS EN EL FUTURO

De Londres a Nueva York .... 1 hora

De Londres a Tokio, Japón .... 2 horas

De Londres a Sídney, Australia .... 3.5 horas

Detective del lenguaje — Halla la oración subrayada en la página 8. Escríbela usando el verbo en pretérito.

Capítulo 3
Viajes al espacio

¿Te gustaría viajar al espacio? En el futuro, algunas personas podrían convertirse en turistas que visitan el espacio.

Hoy en día, solo los astronautas suelen ir al espacio. Deben entrenarse durante muchos años. Poco más de 500 personas han hecho este viaje hasta ahora. La mayoría de los astronautas viajan en naves espaciales a la Estación Espacial Internacional, o EEI. La EEI está en **órbita** alrededor de la Tierra. Los astronautas son lanzados al espacio en naves espaciales.

Ahora, una compañía privada ha diseñado y construido su propia nave espacial. Ya ha participado en algunos vuelos de prueba piloteados, pero todavía no ha viajado al espacio.

Estos astronautas reparan parte del exterior de la EEI.

Los primeros vuelos saldrán del Puerto Espacial América, un complejo en Nuevo México. La nave se llama *SpaceShipTwo*, o VMS *Eve*. Tendrá dos pilotos y seis pasajeros. Un avión conocido como *WhiteKnightTwo,* o VSS *Enterprise,* llevará la nave a lo largo de una pista, y la elevará 50,000 pies hacia el cielo. Luego, liberará la nave en el aire. Los motores cohetes se encenderán y la nave acelerará rápidamente mientras se aleja de la atmósfera terrestre. Más tarde, planeará de vuelta hacia la Tierra, como un avión normal.

WhiteKnightTwo y *SpaceShipTwo* han participado en vuelos de prueba. La nave es la parte del medio.

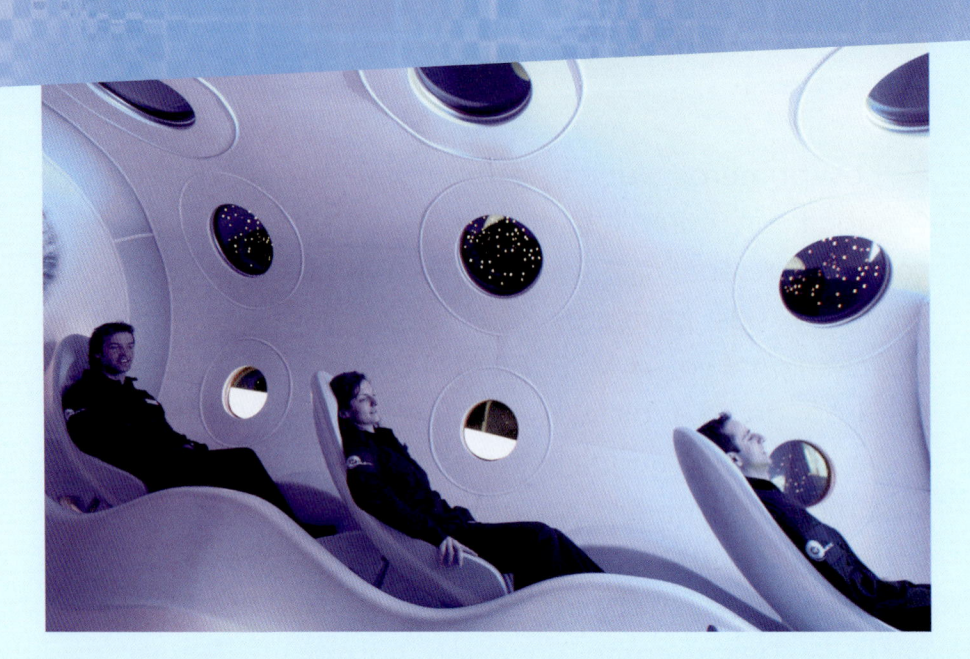

Estas personas están probando un modelo a escala real del interior de la nave en un museo de ciencias.

Cada vuelo durará dos horas y media. La nave alcanzará una velocidad de 2,500 millas por hora. Finalmente, se elevará casi 68 millas sobre la Tierra. Los pasajeros verán la oscuridad del espacio y tendrán vistas increíbles del planeta Tierra. El efecto de la **gravedad** no es tan fuerte cuando los objetos están a esa distancia de la Tierra. Los pasajeros no tendrán peso durante cinco minutos. Por esa razón, flotarán dentro del avión.

Cada pasaje cuesta $200,000. Estos vuelos serán populares. Más de 400 personas ya se inscribieron para realizarlos. En 2014 ya podrían comenzar a llevarse a cabo.

Algunas personas creen que los vuelos al espacio se convertirán en algo normal. Otros aseguran que habrá hoteles en el espacio y que, con el tiempo, los humanos podrán viajar a Marte.

A lo largo de la historia, se han hecho grandes viajes para explorar lugares nuevos. Se han construido máquinas inteligentes que hicieron la vida más fácil o que trasladaron a la gente muy lejos. Entonces, ¿hacia dónde vamos ahora? En este momento, es probable que algunas de las ideas de este libro parezcan imposibles. ¿Quién <u>sabe</u> qué pasará en el futuro?

¿Podrá alguien aterrizar en la superficie del planeta Marte algún día?

| **Detective del lenguaje** | Halla el verbo subrayado y conjúgalo en presente. |

Cómo hacer un globo aerodeslizador

Pasos para construir tu propio avión de juguete.

Necesitas:

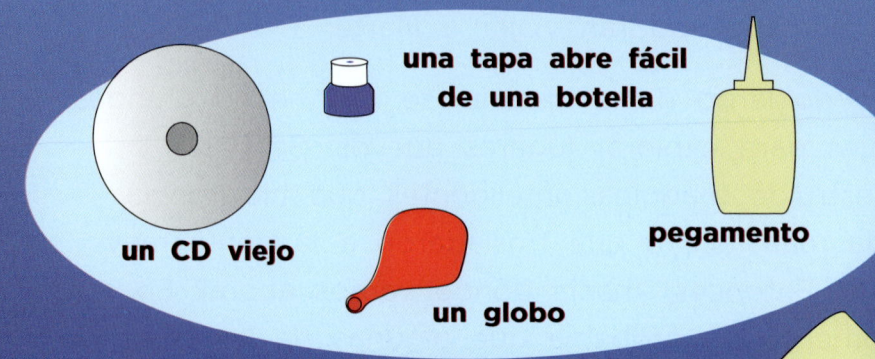

un CD viejo

una tapa abre fácil de una botella

un globo

pegamento

Qué hacer:

1. Pega la base de la tapa sobre el agujero que está en el centro del CD.

2. Cierra la tapa y deja que el pegamento se seque durante la noche.

3. Infla el globo y mantén apretado el cuello del mismo para que no se escape el aire.

4. Estira el cuello del globo sobre la tapa. ¡Tu globo aerodeslizador ya está listo!

Respuesta a la lectura

Resumir

Usa detalles para resumir *Los vuelos del futuro*. Usa el organizador gráfico como ayuda.

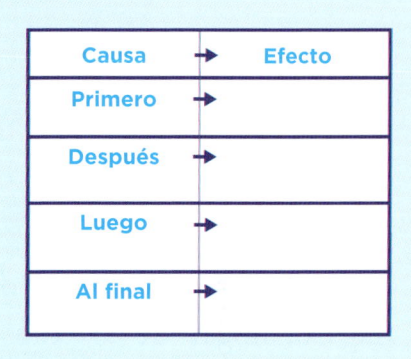

Causa	→	Efecto
Primero	→	
Después	→	
Luego	→	
Al final	→	

Evidencia en el texto

1. ¿Cómo sabes que *Los vuelos del futuro* es un texto expositivo? **GÉNERO**

2. ¿Cómo funciona una mochila cohete? **CAUSA Y EFECTO**

3. ¿Qué claves de contexto te ayudan a comprender el significado de la palabra *espacio* en la página 10? **PALABRAS DE SIGNIFICADOS MÚLTIPLES**

4. Escribe sobre las razones por las que se construyen nuevos aviones. ¿Qué efectos podrían tener los nuevos tipos de viajes aéreos sobre el modo de vida de las personas? **ESCRIBIR SOBRE LA LECTURA**

CCSS Género Mito

Compara los textos
Lee sobre cómo los dioses nórdicos volaron al cielo.

La capa de plumas

Una vez, existió una diosa llamada Idun. Vivía en Asgard, hogar de los dioses. Idun era la diosa de la juventud. Se encargaba de cuidar las manzanas mágicas que permitían a todos los demás dioses y diosas vivir por siempre.

Un día, un gigante capturó a Idun. El gigante podía adoptar la forma que quisiera. Se convirtió en águila, se abalanzó sobre Idun y se la llevó. Los demás dioses y diosas envejecieron muy rápido sin las manzanas mágicas de Idun. El cabello se les puso blanco y la espalda se les encorvó.

Ninguno de los dioses y diosas podía volar, pero sabían que debían rescatar a Idun. Una mujer llamada Freya tenía una capa especial hecha con plumas de halcón. Todo el que se envolviera con la capa, podría transformarse en un ave.

El dios Loki se envolvió completamente con la capa de Freya. Se convirtió en halcón y voló rápidamente hacia la tierra de los gigantes. Loki se abalanzó sobre el gran castillo del gigante y, con ingenio, entró a hurtadillas. Loki tuvo mucha suerte. ¡El gigante no estaba en casa!

Rápido como un rayo, Loki encontró a Idun y la convirtió en una nuez. Con un solo movimiento, sujetó la nuez con sus garras y partió hacia Asgard. Cuando miró hacia atrás, vio que el gigante se había convertido en águila de nuevo, ¡y lo estaba persiguiendo!

Finalmente, Loki llegó a Asgard. Los dioses lo estaban esperando, y tenían un plan. Una vez que él estuvo adentro y a salvo, encendieron fogatas alrededor de los muros de la ciudad. Cuando el águila intentó cruzar los muros, sus alas se prendieron fuego. El gigante se dio cuenta de que los dioses lo habían derrotado. Se rindió y voló tan rápido como pudo hacia el océano para apagar las llamas.

Idun volvió a adoptar su forma humana. Luego, les dio manzanas a todos los dioses. Muy pronto, ¡volvieron a ser jóvenes y hermosos!

Haz conexiones

¿Cómo logra volar el dios Loki? **PREGUNTA ESENCIAL**

¿Por qué la gente inventaría historias sobre usar capas mágicas para volar si tenemos aviones que nos permiten hacerlo? **EL TEXTO Y OTROS TEXTOS**

Glosario

alcance distancia que puede recorrer un objeto *(página 3)*

biocombustible tipo de combustible que produce menos contaminación que el normal *(página 8)*

estatorreactor de combustión supersónica tipo de motor que no tiene partes móviles y se construye para viajar a muy altas velocidades *(página 6)*

gravedad fuerza que jala a los objetos hacia la Tierra; evita que se vayan flotando hacia el espacio *(página 12)*

impulsar empujar a gran velocidad *(página 3)*

motor cohete tipo de motor que consume combustible y oxígeno para producir un impulso *(página 6)*

órbita trayectoria que recorre un cuerpo alrededor de otro; la Luna orbita la Tierra *(página 10)*

Índice

avión de pasajeros, *6–8*
estatorreactores de combustión supersónica, *6–8*
mochilas cohetes, *3, 4*
motores cohetes, *6, 8, 11*
myCopter, *4–5*
NASA, *6*
naves espaciales, *10–12*
turistas, *10*

Enfoque: Ciencias

Propósito Averiguar sobre las fuerzas y el movimiento

Paso a paso

Paso 1 Haz un aerodeslizador siguiendo el procedimiento de la página 14.

Paso 2 Coloca el aerodeslizador en un escritorio y empújalo. ¿Hasta dónde llega?

Paso 3 Mantén firme la mitad inferior de la tapa y tira de la mitad superior para abrirla. Empuja el aerodeslizador. ¿Hasta dónde llega esta vez?

Paso 4 Cambia algunas cosas. Varía el tamaño del globo. Usa un plato de papel en lugar de un CD y hazle un agujero en el centro. Haz una predicción sobre lo que piensas que sucederá, y pon a prueba tus teorías.

Conclusión Dibuja una tabla de dos columnas que tenga los siguientes títulos: "Condiciones" y "Distancia recorrida". Luego, toma nota de los resultados. ¿Qué aprendiste con este experimento?